NOTICE BIOGRAPHIQUE

SUR

M. J.-F. ROLAND

DIRECTEUR-ÉCONOME

AU SÉMINAIRE DE LONS-LE-SAULNIER

NOTICE BIOGRAPHIQUE

SUR

M. J.-F. ROLAND

DIRECTEUR-ÉCONOME

AU SÉMINAIRE DE LONS-LE-SAULNIER

Décédé le **8** février **1865**

In bonitate et alacritate animœ
suœ placuit Deo. (Eccli., XLV, 29.)

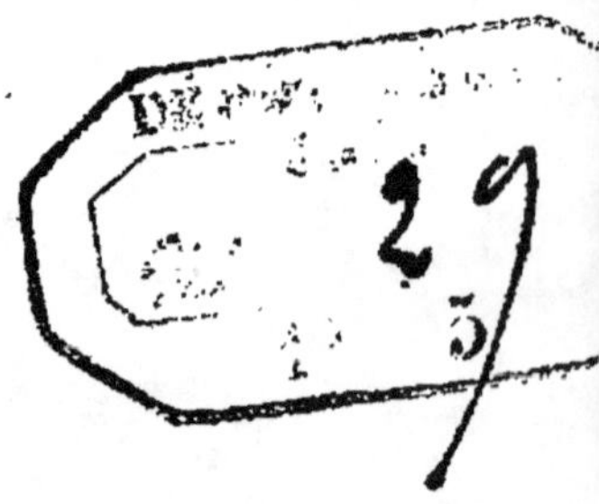

M. ROLAND

AU SÉMINAIRE DE LONS-LE-SAULNIER

*In bonitate et alacritate animæ
suæ placuit Deo.* (Eccli., XLV, 29.)

I

C'est une pieuse et attrayante figure que
celle de M. Roland, Directeur-Économe au
séminaire de Lons-le-Saulnier. Simplicité
vraie, affabilité antique, maintien recueilli,
dignité modeste répandue sur toute la personne, on trouve en lui tous les traits du
prêtre et de l'homme de Dieu. Sa physionomie douce et fine qu'éclairait la bonté et où

venait se refléter la calme sérénité d'une âme pure, laisse en tous ceux qui l'ont connu comme une suave impression de sainteté et de paix. Que ne pouvons-nous la reproduire ici avec la pureté et la délicatesse de trait qui conviendraient au sujet ! Nous nous efforcerons, pour y suppléer, de présenter sous son vrai jour, en la prenant par les côtés les plus intimes, cette vie ecclésiastique si pleine, d'où s'exhale pour tous un parfum de fortifiante vertu.

II

M. Roland dut le jour, après Dieu, à d'honnêtes cultivateurs, dont les sentiments chrétiens sont demeurés le plus bel héritage. Son père, Jean-Antoine Roland, était originaire de Malbrans, petite commune des environs d'Ornans (Doubs). Il vint s'établir de bonne heure à Montrond, près Besançon, où il épousa Françoise Tyrode, veuve d'un premier mari. Elle lui donna un fils, qui vint au monde le 20 mars 1794. C'étaient les mauvais jours de la Terreur; l'enfant ne put être porté à l'église. Un prêtre, caché dans les fermes du voisinage, vint le baptiser à la maison maternelle, le 27 mars, sept jours après sa naissance. On l'appela au baptême, des noms de son père et de sa mère, Jean François. Ces deux noms éclairent toute sa vie. Il devait tenir de l'Apôtre Bien-Aimé, avec un ardent amour pour Marie, cette charité et cette pureté angélique qui, revêtant son âme d'une incorruptible beauté, prépareraient en lui le digne ministre des saints autels : Dieu, d'un autre côté, lui réservait de porter glorieusement et de répandre avec amour, autour de lui, les pauvres mais saintes livrées du Séraphique Père S. François.

Sa mère lui fut enlevée vers sa sixième année. Il l'avait connue assez pour en sentir la perte. Nous l'avons entendu plus d'une fois parler avec émotion du vide que laissa en lui cette absence d'une mère : le cœur du jeune enfant se serra souvent, quand il en voyait d'autres, plus heureux, recevoir ces caresses dont la mort l'avait privé. Sans doute, la charité compatissante qui fit de lui plus tard le père de tant de pauvres orphelins, encore qu'elle ne jaillit que d'une source surnaturelle et divine, s'alimenta souvent à cette douleur de son enfance.

Jean-Antoine Roland, après la mort de son épouse, revint se fixer à Malbrans avec son jeune fils. L'âme sérieuse et dévouée de l'enfant trouva de bonne heure l'occasion de se révéler. Son père était devenu infirme ; à sept ans, il mettait à le soigner un dévoûment et une piété qui méritent d'être rappelés. On dit encore avec quel courage il se rendait la nuit à Ornans pour en rapporter des remèdes.

Grâce aux charmes que l'enfant répandait autour de lui, la pauvre maisonnette de Jean-Antoine Roland était habitée par la résignation, le contentement et la paix. Le père la quitta bientôt. Trois ans s'étaient à peine écoulés qu'il mourait, laissant seul après lui un orphelin de huit ans.

Nous nous trompons : l'enfant n'était pas

seul. En appelant le père à lui, Dieu avait préparé à Jean-François, dans le cœur d'un bon prêtre, une de ces affections auxquelles l'Onction Sainte, unie à la tendresse que donne la virginité, communique ce caractère de paternité touchante, qui est l'attribut exclusif du Sacerdoce Catholique.

III

De meilleurs jours s'étaient levés sur l'Eglise de France. Malbrans avait pour curé, depuis le Concordat, un ancien bénédictin du prieuré de Vaux (Jura), originaire de Salins, D. Lespermont, à qui ses œuvres ont fait une mémoire en bénédiction parmi les hommes. Les fonctions curiales étaient allées le prendre à Besançon, dans le collége dit des Carmes, ouvert aux familles chrétiennes le lendemain des mauvais jours de la Révolution. L'amour des Lettres, et plus encore l'amour de l'enfance et de la jeunesse vers lesquelles il se sentit toujours attiré de tout le poids de son cœur de prêtre, suivirent partout l'ancien Bénédictin. A une époque où toute une nouvelle génération de prêtres était à former, sa cure fut longtemps une école, sa maison une famille : et ce n'est point sans émotion et sans reconnaissance que nous contemplons d'ici la touchante figure de D. Lespermont, entouré des jeunes clercs dont il fut le père et qui demeurent dans l'Église, comme ils l'ont été auprès de Dieu, sa plus belle couronne.

Tel était le curé de Malbrans. Pouvait-il ne pas ressentir, pour le jeune orphelin, l'affection et l'intérêt que provoquent doublement l'innocence et le malheur. Il y avait, au témoignage de tous ceux qui l'ont vu, tant de candeur répandue sur le visage de l'enfant ; son aménité lui avait si vite gagné les cœurs ; il montrait déjà tant de piété dans toute sa conduite ! Jean-François comptait en M. Lespermont un père, et le bon curé ne manqua point à l'orphelin.

Vers l'âge de dix ans, il revint passer un

été à Montrond, auprès d'une de ses sœurs
utérines qui l'occupa à la garde du bétail.
Les compagnons du petit berger étaient frap-
pés de sa modestie, autant que charmés de sa
douceur. Ils remarquaient en lui un attrait
particulier pour la solitude, qui le faisait volontiers se tenir à l'écart, tranquille et recueilli. C'était sans doute que Dieu remplis-
sait déjà de sa présence l'âme innocente et
pure de l'enfant.

Nous ne savons rien de sa première communion : le mystère s'est passé entre Dieu
et lui. Mais le sceau de la grâce, qui est de-
meuré visiblement imprimé en son âme, té-
moigne assez qu'à ce banquet de l'amour
divin, Jean-François reposa particulièrement
sur la poitrine du Maître.

D. Lespermont avait intéressé au sort de
l'orphelin la piété de Mlles Marlet, d'Ornans :
elles aidèrent à le placer chez les Frères des
Écoles Chrétiennes de cette ville, où il passa
cinq ans. Il s'attacha tellement à ses religieux maîtres qu'il aurait voulu ne jamais

s'en séparer. Par goût autant que par reconnaissance, il se sentait porté à entrer
dans un institut, où, en se dévouant, il trouvait le moyen de rendre ce qu'on lui avait
donné. Nous le verrons, pendant toute sa
carrière de prêtre, occupé de payer sa dette
aux chers frères.

IV

Il leur fut enlevé en 1811. D. Lespermont,
appelé de Malbrans à la cure de Conliége
(Jura), l'emmena avec lui dans sa nouvelle
paroisse. M. Roland avait dix-sept ans. C'est
de ce moment que le digne prêtre, son bien-
faiteur, le dirigea vers le sacerdoce. Il l'ini-
tia lui-même aux éléments de la langue la-
tine. Le presbytère de Conliége, comme celui
de Malbrans, se convertit bientôt en école.
D. Lespermont mettait le même zèle à s'em-
parer des jeunes gens en qui il pouvait remarquer une vocation ecclésiastique, et à les
aider de ses facultés. Conliége, grâces à lui,

fournit un contingent honorable à l'Église. Là, aussi bien qu'à Malbrans, la charité du bon curé se suscitait des enfants. On le vit sortir un jour d'une maison où la mort avait fait un grand deuil, tenant par la main deux orphelins qu'il conduisait au presbytère : admis au foyer, et reçus dans la famille de D. Lespermont, ils devaient lui appartenir jusqu'à l'heure où l'Église leur donnerait place dans le sanctuaire.

M. Roland, à deux reprises, fréquenta depuis Conliége les cours du collége de Lons-le-Saulnier, où il fit sa Sixième, sous l'abbé Toussaint, et sa Seconde sous l'abbé Vincent, principal du Collége. Ses camarades le connurent là ce qu'il fut depuis. On ne pouvait se défendre d'une sympathie mêlée de respect pour ce jeune homme modeste, plus que simplement vêtu, à la physionomie pure, à l'air si doux, au religieux maintien, dont la vue seule inspirait la vertu. C'était, disent ses condisciples, un écolier exact et consciencieux : il avait l'intelligence lente et apprenait péniblement ; mais il n'en montrait que plus de persévérance et d'assiduité au travail. Ses compagnons, qui le voyaient d'humeur si paisible, eurent, à cette époque, une révélation inattendue. Entraîné par son ardeur patriotique, il leur proposa un jour, au fort de l'Invasion, d'aller se faire inscrire à l'hôtel-de-ville pour marcher contre l'étranger. Ainsi apparaissait M. Roland dans sa première jeunesse : calme au dehors et en apparence un peu timide, mais au-dedans résolu et fort ; lent et tranquille, mais fidèle et persévérant.

Après cinq ans donnés aux études de grammaire et d'humanités, nous le retrouvons en philosophie à Ornans. Il y revit sans doute ses pieuses bienfaitrices et les chers frères des Écoles Chrétiennes. En 1817, il arrivait à Besançon, pour y commencer sa théologie.

V

Le jeune séminariste se plaça sous la conduite de M. Genevay, ce prêtre de sainte mémoire qui, devenu plus tard supérieur du séminaire diocésain de St-Claude , devait l'associer à son œuvre. Il l'eut aussi pour professeur de Morale. Les conséminaristes de M. Roland n'ont point oublié avec quel scrupuleux respect il notait et recueillait tout ce que dictait son vénéré maître.

Sa vie de séminariste, toute ordinaire à l'extérieur, ne se fit remarquer que par une régularité qui ne se démentit jamais. M. Roland n'avait point reçu en partage ces dons de l'esprit qui attirent l'attention, marquent une place sur les bancs et parmi les disciples. Le Maître ne lui avait donné que deux talents : mais, en bon et fidèle serviteur, il ne les enfouit pas, les fit valoir, et en gagna deux autres. Il puisait dès lors sa force dans cette maxime qui fut celle d'un prêtre éminent, Bernard Overberg, supérieur du séminaire de Münster : « Désire la fidélité, pratique la fidélité, persévère dans la fidélité. » Sa vie était cachée en Dieu : c'est là que tous les jours se formait le Christ dans l'âme du pieux lévite. Ses relations, tant de l'externat que de l'internat, laissaient voir une vertu aimable à tous. A la pension, les jours de fête de la Sainte Vierge, on remarquait en lui une sérénité et une expansion toutes particulières : il tenait à ce qu'au dîner la solennité fût marquée par quelque honnête réjouissance, et provoquait volontiers à cet effet de pieuses cotisations.

Cependant M. Roland montait successivement les degrés qui conduisent à l'autel. Fait sous-diacre le 4 juillet 1819, ordonné diacre le 25 juillet de la même année, il recevait, le 23 septembre 1820, l'onction sacerdotale des mains de Mgr de Pressigny, archevêque de Besançon.

Ce fut un beau jour pour D. Lespermont que celui où il assista le nouveau prêtre, célébrant sa première messe dans l'église paroissiale de Conliége. Il y eut grande joie au cœur du bon curé, fête à l'église et fête au ciel. L'ancien Bénédictin qui, fidèle à sa vocation religieuse, se relevait régulièrement chaque nuit pour réciter l'office divin, aimait la beauté de la maison de Dieu, la pompe des cérémonies, la solennité et l'éclat du culte. Mais, quoiqu'il pût déployer en cette circonstance, rien n'émut et ne saisit autant les fidèles que l'attitude sainte du jeune prêtre quand, abîmé dans le recueillement de l'adoration, il s'approcha de l'autel du Dieu qui réjouissait sa jeunesse. L'union entre Jésus-Christ et son ministre était consommée.

VI

M. Roland, prêtre, devait à D. Lespermont les prémices de son ministère. L'ancien curé de Malbrans n'avait-il point couvert l'orphelin de sa tendresse de père? Pouvait-il ne pas voir, dans le prêtre, l'enfant dont l'âme si pure s'était épanouie sous ses yeux; le clerc qui le servait à l'autel; le lévite qu'il avait dirigé vers le sanctuaire? Aussi M. Roland, d'abord vicaire à Conliége, ensuite à Arbois, revint prendre place une seconde fois à côté de D. Lespermont. Ce poste allait à son cœur, en même temps qu'il servait sa reconnaissance. Il ne le quitta que pour remplir les fonctions de curé, à Trenal d'abord, d'où la maladie le chassait au bout de quelques mois ; puis à Courtefontaine qui ne devait guère le posséder plus longtemps. Vicaire ou curé, M. Roland a répandu partout la bonne odeur de Jésus-Christ. Il n'a point à craindre, pour son ministère, de voix accusatrices, *ab auditione malâ non timebit.* Sa mémoire est demeurée particulièrement chère aux âmes pieuses, qu'il formait et dirigeait avec autant de sagesse que de zèle. Ce n'était pas qu'il ne fût accessible à tous, ou qu'une vertu trop austère l'empêchât de se plier aux exigences de la vie de curé. Il prenait volontiers part, dans certaine famille chrétienne dont il aimait à rappeler le souvenir, à de gaies et franches réunions auxquelles on voulait que présidât toujours M. le curé. On le voyait même se permettre, vis-à-vis ses ouailles, de fines et spirituelles malices, qui ne pouvaient que leur profiter. Témoin ces deux bonnes paroissiennes qui, un dimanche après vêpres, prolongeaient outre mesure sous le marronnier de l'église, une conversation de leur goût, et auxquelles il fit porter par la servante du presbytère, une chaise et une lanterne.

En 1826, le dimanche qui suivait la Toussaint, le curé de Courtefontaine, par un fait sans précédent, eut une distraction publique à l'autel ; il oublia d'entonner le *Gloria in excelsis* : ce qui fit demander à une personne de l'assistance, si l'on était déjà en Avent. Un exprès, arrivé le matin même, mandait M. Roland à Orgelet, où était établi depuis un an le séminaire diocésain. Le vénérable M. Genevay, supérieur du séminaire, avait à lui proposer une place de directeur vacante. M. Roland, par déférence pour l'autorité, et plein de confiance dans le saint prêtre qui l'avait formé à la vie ecclésiastique, accepta simplement, prit possession de la chambre qui lui fut assignée, et se mit, sans plus tarder, à ses nouvelles fonctions. Dieu venait de lui marquer la place qu'il ne devait plus quitter.

VII

On chargea le nouveau directeur des Conférences Spirituelles et du cours de Rituel. M. Roland n'avait point sans doute cette facilité de conception, cette chaleur, cette clarté communicative dans les idées qui font l'homme bien doué pour la parole. Mais c'était un type parfait d'esprit ecclésiastique : l'homme tout entier prêchait en lui : et son âme, rayonnant comme un foyer de douce lumière, faisait sentir à tous ceux qui l'approchaient l'irrésistible attrait de la sainteté. Il suffira d'esquisser ici la vie extérieure et la vie intime de M. Roland, pour montrer en lui le directeur modèle.

M. Roland fut avant tout un homme intérieur. Si nous portons nos regards sur le fond et le principe de toute sa conduite, la vie entière de l'excellent prêtre nous apparaît comme une marche continuelle en la présence de Dieu. Nous le voyons encore, sous ces cloîtres du séminaire, marchant d'un pas réglé, la tête légèrement inclinée, laissant voir à toute son attitude que le monde, au milieu duquel s'agite la vie extérieure, n'était pas celui où il vivait. Sa parole était douce, polie, respectueuse pour tous. Il savait éviter ces saillies de vivacité qui font sortir l'âme d'elle-même : et c'est à peine si, dans les circonstances qui le contrariaient le plus, il laissait apercevoir quelque légère émotion, tant il avait le don de se posséder. On n'entrait point dans la chambre du pieux Directeur, sans éprouver quelque chose du respect qui saisit en présence de la sainteté : et nous pouvons attester que, pendant de longues années passées dans la société de M. Roland, nous n'avons jamais rien surpris en lui qui ne fût strictement ecclésiastique. Obligé plus tard par ses fonctions d'Econome de descendre à mille détails vulgaires, souvent interrompu dans son travail, fréquemment dérangé par les personnes qui avaient à lui parler, il ne sortait point de son recueillement habituel, n'avait jamais l'air d'être contrarié, recevait avec affabilité, écoutait chacun avec une bienveillance qui inspirait tout à la fois la confiance et le respect et faisait qu'on s'ouvrait à lui en toute liberté. Le repos de son âme en Dieu pouvait seul lui rendre supportable cette agitation extérieure, et lui permettre de reprendre aussitôt son travail. Il était vraiment fait pour être l'hôte de ces maisons où doit toujours régner un calme décent : sa vue suffisait pour rappeler à l'ordre ceux qui auraient troublé par des cris, ou par des éclats de rire, le silence du séminaire. Dès sa plus tendre enfance, nous l'avons dit, on pouvait remarquer en lui ce goût prononcé pour la retraite. La vie de solitaire lui avait toujours souri et on lui a entendu dire souvent qu'il eût fait un bon Chartreux. Un de ses rares voyages de vacances, le plus long de ceux qu'il se soit permis, le conduisit une année à la Grande-Chartreuse : il y passa quelques jours avec Dieu, les plus délicieux de sa vie. Cette inscription qu'il lut sur la porte de la cellule d'un vieux Chartreux : « Demeurez avec nous, Seigneur, il se fait tard, » l'avait profondément ému : le souvenir lui en était resté, comme un parfum que lui envoyait de loin la solitude bénie.

A un intérieur aussi parfait, M. Roland joignait un esprit de persévérance et de fidélité dans les plus petites choses, qui lui permettait d'accroître tous les jours son fonds spirituel. Il savait que nous devons à Dieu un compte rigoureux de l'emploi du temps. Aussi le trouvait-on constamment occupé. Mettant à profit les ressources d'une nature calme et tranquille, il faisait chaque chose en son temps, sans jamais se troubler, donnant à l'occupation du moment tout son soin, comme si elle eût été la seule. Cette humeur pacifique n'excluait ni le courage ni la force : il devait à son calme d'envisager plus sagement les choses, et savait, dans les situations difficiles comme sous les coups les plus imprévus, demeurer maître de son action.

Homme intérieur comme il l'était, M. Roland traitait avec la plus sainte et la plus profonde gravité l'œuvre de l'éducation des clercs. Fidèle aux traditions de nos anciens, qui ont valu de tout temps à la Franche-Comté un clergé pieux, grave et instruit, il exigeait dans les séminaristes des garanties sérieuses de vocation ecclésiastique. On le voyait, en ce qui le concernait, tenir inébranlablement à l'observation de la règle, notant les infractions les plus légères et ne laissant rien passer sans le reprendre. Ses propres efforts vers la sainteté lui donnaient tout à la fois le zèle et l'expérience nécessaires pour y faire tendre les autres. Chaque mois ses pénitents lui rendaient compte de leur intérieur ; il leur fixait d'avance les points sur lesquels chacun devrait suivre ses pro-

grès dans la perfection. « De même, aurait-
« il dit volontiers avec le pieux Overberg
« déjà cité, que l'on remarque, au bout d'un
« mois, la croissance du blé dans les champs,
« de même l'âme peut juger, après un pareil
« intervalle, si elle a reculé ou avancé. »

M. Roland était d'un commerce agréable
et aisé. En société, il s'effaçait volontiers et
causait peu. Mais quand la position l'obli-
geait à faire les frais, il s'en acquittait très-
convenablement : sa conversation devenait
gaie et attrayante : il racontait beaucoup d'a-
necdotes intéressantes et cherchait par les
moyens les plus ingénieux à charmer la
réunion.

On surprenait dans le pieux Directeur des
mots piquants, des traits spirituels et de fines
railleries. Mais telle était son attention à
garder en tout le décorum ecclésiastique
que jamais, en ces circonstances, l'hilarité
ne se permettait un rire inconvenant.

Il y avait dans l'âme de M. Roland un
grand fonds de bienveillance et de bonté. Il

conservait à certaines familles, que Dieu lui avait fait particulièrement rencontrer sur sa route, une affection qui datait de loin et ne se démentit jamais. Nous tenons aussi de lui qu'il lui en coûtait beaucoup, toutes les fois qu'il fallait reprendre ou exiger quelque chose de pénible : mais la conscience savait commander aux répugnances du cœur.

M. Roland avait conservé de sa première enfance le goût des champs. Il aimait la belle nature, et se récréait volontiers par la vue et la culture des fleurs. Quand le séminaire en 1828 fut transféré à Lons-le-Saunier, il s'y ménagea un parterre qu'il ornait et entretenait avec soin. Le vénérable M. Genevay se crut même obligé de lutter contre ce qu'il appelait un esprit nouveau. Une fleur s'étalait-elle avec trop de complaisance hors de l'enceinte réservée, l'austère supérieur en abattait la tige quand il n'était pas vu : à charge de plaindre ensuite M. Roland du dégât que subissaient ses plantations. Les rosiers n'étaient point supportés le long des allées du jardin du séminaire ; leurs épines, alléguait M. Genevay, menaçaient constamment les soutanes.

M. Roland donnait volontiers à de petites occupations pieuses une partie du temps des récréations. Plein de dévotion aux saintes reliques, il en obtenait de différents couvents qu'il se plaisait à distribuer aux Séminaristes, ou à de pieux laïques. Il lui fallait donc souvent préparer des reliquaires, y disposer les précieuses reliques, et satisfaire ainsi aux demandes qui lui étaient adressées. Son commerce habituel avec Dieu en était puissamment aidé : ne se trouvait-il point déjà dans la compagnie de ses Saints ?

VIII

Telle fut la vie de Directeur de M. Roland, vie marquée partout au coin du plus pur esprit ecclésiastique. Après la mort de M. Genevay, il remplaça dans l'Economat M. Bailly, à qui Mgr de Chamon venait de confier la charge de Supérieur. Econome prudent et laborieux, M. Roland administra avec beaucoup de soins et une grande exactitude de détails un séminaire qui, nouvellement fondé, avait peu de ressources.

Les nécessités d'une maison à son début et l'esprit si pur qui animait M. Roland doivent faire passer largement sur ce qui, dans son administration, à pu sembler parfois minutieux et étroit. Sa gérance de 17 années fut pour le séminaire et le diocèse un bienfait.

La nouvelle position de M. Roland le mettait davantage en rapport avec le dehors et les étrangers. Il fit preuve, dans ses relations quotidiennes, d'un ton ecclésiastique parfait. Les personnes reçues au séminaire étaient frappées des manières affables, de l'air antique, des formes polies d'autrefois qui distinguaient l'Econome du séminaire de Lons-le-Saunier.

IX

L'époque où M. Roland fut nommé à l'É-
conomat était celle que Dieu avait choisie,
pour l'employer à diverses œuvres qui depuis occupèrent une place importante dans
sa carrière de prêtre. Le patriarche d'Assise,
dont il portait le nom, devait présider à cette
nouvelle phase de la vie de M. Roland. En
Mai 1840, Mgr de Chamon le nomma Père
Spirituel des Clarisses de Poligny. Chacun
sait que cette communauté est la perle de
nos maisons religieuses, le trésor de Poligny
et de tout le diocèse, et qu'en gardant pré-
cieusement le corps de sa fondatrice Ste Colette, elle a conservé aussi dans sa pureté
primitive l'esprit de la grande réformatrice.
A cette époque s'établirent, entre M. Roland
et les filles de Ste Colette, des relations spirituelles que la mort même n'a point inter-
rompues. Il nous édifiait souvent en nous
parlant de l'austérité de vie des épouses du

Christ, de leur pauvreté, de la simplicité et droiture de leurs âmes. « La règle du cou- « vent, nous disait-il un jour, prescrit aux « Clarisses d'ajouter encore, à certains mo- « ments, à leur abstinence. La Révérende « Mère Prieure, dans une circonstance, me « communiquait ses scrupules à cet en- « droit. L'Ordinaire de la communauté était « tel, qu'elle ne savait comment en retran- cher. »

Or, il y avait en ce temps-là, au couvent de Poligny, une ancienne Clarisse qui avait toujours vécu saintement dans la profession religieuse. Elle annonçait souvent à M. Roland qu'il rétablirait dans le diocèse le Tiers-Ordre de St François. Le Père Spirituel n'y prêta d'abord que peu d'attention ; la bonne sœur avait des absences de tête. Elle insistait, en ajoutant : « J'ai bien ma tête, quand je vous dis cela. » M. Roland y réfléchit donc devant Dieu ; et en 1841, il se faisait recevoir du Tiers-Ordre de St François. L'habit sé-raphique l'avait couvert et protégé dès son entrée dans la vie chrétienne.

Plusieurs personnes, dirigées par M. Roland, aspirèrent a revêtir ces saintes livrées, qui leur assuraient le secours puissant de l'association, leur faisaient trouver place dans une des grandes familles religieuses de l'Eglise, et leur donnaient une règle sous laquelle s'étaient sanctifiés, dans le monde, tant de confesseurs, de vierges, de saintes femmes, de tous les rangs et des conditions les plus diverses de la société. Après avoir obtenu les autorisations nécessaires, il les admit à la profession. Ce fut là le noyau de ce Tiers-Ordre qui compte aujourd'hui de nombreuses fraternités dans le diocèse de Saint-Claude. Il eut pour berceau la chapelle de St Etienne de Coldres, à laquelle se rattachent les plus anciennes traditions chrétiennes de notre province. Là se fit la réception des premiers Tertiaires : M. Roland les y réunit souvent jusqu'en 1845. Le Tiers-Ordre devait avoir toujours en lui, un zélé mais discret propagateur.

X

Les œuvres naissent des œuvres, au moment marqué par Dieu. Une des premières Tertiaires de St François, mue par cette charité que Dieu sait mettre au cœur de ses vierges, se sentit poussée à recueillir sous son toit quelques orphelines pauvres. M. Roland, son directeur, l'encouragea et la soutint dans cette œuvre. Mais la charité est comme Rachel, elle demande toujours de nouveaux enfants. Le petit local s'agrandit, la famille des orphelines s'accrut; et M. Roland, sans l'avoir prévu, conduit par Dieu qui le menait, se trouva à la tête d'une maison destinée à recueillir de pauvres orphelines et à les élever jusqu'au moment où elles sont convenablement placées. La Providence de Macornay était fondée. Ses commencements remontent à 1842, époque vers laquelle M. Bailly, supérieur du séminaire, jetait de son côté, à l'Ermitage de Montciel, les fondements d'un établissement analogue pour les garçons.

Si l'œuvre de Macornay a procuré à M. Roland les plus douces jouissances que ressentit peut-être son cœur de prêtre, elle lui coûta beaucoup de préoccupations, de soucis et de peines. C'est une loi imposée à l'homme depuis la Chute : il n'édifie rien, qu'il n'ait à poser ces fondements. Le fondateur, pendant de longues années, se vit obligé d'entretenir avec peu de ressources une nombreuse famille, de lui trouver jour par jour le pain qui nourrit, de le demander, après Dieu, au travail de ses enfants et à la charité publique. La fondation faillit être emportée par la tourmente de 1848 : il y eut de mauvaises années à traverser, et le pieux directeur eut besoin plus d'une fois de toute sa confiance en la Providence. Elle ne lui manqua pas. La maison a commencé par la pauvreté ; elle a épousé la pauvreté en s'unissant au pauvre d'Assise St François ; elle est demeurée fidèle à la pauvreté. Mais Dieu lui a donné de faire humblement le bien, et M. Roland a pu se réjouir en repassant, devant Dieu, les laborieuses années que l'œuvre à traversées.

Aussi bien ne vivait-il que pour elle. On peut dire en toute vérité qu'il se retranchait toute dépense personnelle, et qu'il savait se priver de tout, en faveur de ses enfants. Si le vestiaire de M. Roland n'était que bien rarement renouvelé, c'est qu'il fallait vêtir les pauvres orphelines. Le feu de l'économe était maigre, parce qu'il prélevait sur la portion qui lui était due, pour ajouter aux ressources de l'œuvre. Que de fois, pendant cette dernière partie de sa vie, il a cheminé, pensif et recueilli, sur la route de Macornay. En Été surtout, les jours où le séminaire est à la campagne, on le voyait arriver de grand matin à la Providence : il y disait la Sainte Messe, visitait sa petite famille, s'entretenait avec les directrices ; puis quand il avait tout passé en revue, s'en revenait parmi nous le cœur gai et content, pensant avec émotion sans doute à l'orphelin de Malbrans qui, lui aussi, trouva un père.

XI

Pour assurer l'œuvre, il fallait la pourvoir de directrices dans l'avenir. Une Congrégation religieuse se perpétuant comme une famille, avec le même esprit, les mêmes traditions, un dévouement héréditaire à une même œuvre qui est sienne, peut seule donner à une maison, dans les circonstances où était placée la Providence de Macornay, des chances de durée et de vie. La fondatrice et les directrices étant du Tiers-Ordre de St François, il n'y avait qu'un pas à faire, pour réaliser ce dernier et important progrès : rendre pour elles le Tiers-Ordre, de séculier régulier ; produire aux yeux de tous l'habit séraphique caché jusque là sous le vêtement du siècle ; demander plus sûrement et pour toujours à des vœux reçus par l'Eglise et à une règle approuvée par elle, l'unité d'esprit et de direction qu'avait procurée une première association encore imparfaite. M. Roland eut la consolation de poser ce couronnement de l'œuvre. Le 4 octobre 1857, en la fête du séraphique Père St François, la fondatrice, avec plusieurs de ses associées, faisait profession publique du Tiers-Ordre régulier, dans la chapelle de la Providence de Macornay. La nouvelle famille religieuse participe à la bénédiction de St François; elle s'est accrue de vocations, qui demandent à la pauvreté et à l'humilité de vie l'entier détachement dans le mérite et une plus grande sainteté de dévouement.

XII

Nous avons dit l'œuvre principale de M. Roland : mais il en est d'autres qui veulent ne pas être omises. L'ancien élève des Frères d'Ornans retrouva à Lons-le-Saunier les enfants du vénérable de la Salle. Ils y avaient été appelés par un ancien Capucin, devenu curé de St-Désiré, le père Agathange, dont la mémoire, grâce à une vie sainte et quelque peu originale, est encore aujourd'hui très-populaire. L'affection et la reconnaissance de M. Roland pour les chers frères purent être en partie satisfaites. Il fut jusqu'en 1852, pendant près de quinze ans, leur directeur assidu et pieusement dévoué. On le vit aussi, après 1830, encourager et soutenir une souscription pour l'entretien particulier de trois frères, jusqu'au moment où la ville se chargea de leur rétribution. Vers les derniers temps de sa vie, il aimait à s'enquérir encore auprès de ces pieux instituteurs du bien qu'opérait leur zèle, et savait leur tracer les meilleurs moyens de venir en aide aux enfants pauvres appelés à fréquenter l'école.—Les Sœurs de la Charité, que les écoles et les pauvres de la ville doivent aussi au père Agathange, eurent également M. Roland pour directeur. — Il trouvait du temps pour toutes les œuvres les plus dignes d'occuper le prêtre. C'est ainsi que l'association de la Sainte Enfance et la dévotion du Rosaire Vivant, le comptent comme un de leurs premiers et plus zélés propagateurs dans le diocèse. Sentant l'importance d'écarter de beaucoup d'âmes le danger des mauvaises lectures, il s'occupa de bonne heure de la propagation des bons livres, cette œuvre capitale de notre époque; de concert avec M. Bailly, il avait fondé et il entretenait dans ce but une Bibliothèque confiée à une pieuse zélatrice. — Les âmes du Purgatoire ne pouvaient être oubliées du pieux directeur : il eut une grande part à l'association établie dans l'Eglise des Cordeliers à Lons-le-Saunier, et la soutint de différentes manières jusqu'à la fin de sa vie.

On l'a dit avec grande vérité : M. Roland, sans faire de bruit, fut le moteur de beaucoup d'œuvres. Ses relations de piété étaient très-étendues et lui prenaient au détail tout son temps libre. Beaucoup d'âmes pieuses trouvèrent en lui un père et un guide spirituel : il réussit à former en plusieurs le plus pur esprit chrétien. On le voyait accueillir tous les jours, au parloir du séminaire, les personnes simples de la campagne, qui

avaient à l'entretenir. Elles aimaient à s'ou-
vrir à lui, et il était heureux, de son côté, de
surprendre en elles ces dispositions d'âme
qui faisaient tressaillir le Sauveur, quand il
disait : « Je vous remercie, ô Père, Seigneur
« du Ciel et de la Terre, d'avoir caché ces
« choses aux sages et aux habiles, et de les
« avoir révélées aux simples ! » Quand ses
orphelines avaient quitté la maison, asile de
leur première jeunesse, sa sollicitude continuait à s'étendre sur elles. Elles étaient sûres
de trouver toujours en lui un père, un con-
seiller éclairé, un tuteur vigilant dévoué à
leurs meilleurs intérêts.

XIII

Une vie tellement remplie ne pouvait être
si cachée qu'elle n'attira à M. Roland la con-
sidération de l'autorité ecclésiastique. Il fut
en grande estime auprès de Mgr de Chamon,
qui occupa pendant de longues années le
siége épiscopal de Saint-Claude. Mgr Mabile,

digne appréciateur des œuvres de l'économe de son séminaire, le nomma chanoine honoraire de l'église cathédrale. Mgr. Fillion, en nous quittant, demeura uni à M. Roland par des liens qui étaient particulièrement chers au cœur du saint prêtre. Dès son arrivée au milieu de nous, Mgr. Louis-Anne Nogret, notre vénéré prélat, sut discerner les vertus et l'antique esprit sacerdotal de l'économe du séminaire. Il lui montra toujours une bienveillance pleine d'égards : et c'est pour satisfaire au désir qui nous en a été exprimé par Sa Grandeur que nous avons entrepris de consacrer dans une notice le souvenir du digne prêtre. Nous n'aurons garde d'omettre ici un autre prélat, collègue de M. Roland au séminaire pendant deux ans, Mgr. Peschoud, Évêque de Cahors, lequel s'est plu en toutes circonstances, après son élévation à l'épiscopat comme avant, à témoigner de son affection et de sa vénération pour le pieux directeur.

XIV

Ainsi s'écoulait une vie, à-la fois honorée des hommes et précieuse devant Dieu. M. Roland, jusqu'en 1859, avait vécu à côté des premiers directeurs du séminaire. La mort, en enlevant cette année là, M. Bailly dont le diocèse entier ressentit la perte, laissa M. Roland seul parmi nous. Sa modestie, autant qu'une santé chancelante et son âge déjà avancé, réussit à faire éloigner de lui la supériorité. Mais ce qui lui restait de vie fut donné presque exclusivement au séminaire. Nous l'avons vu, pendant ces dernières années, souvenir et témoin vivant des traditions, fidèle plus que jamais à la règle, donnant à tous l'exemple de la plus respectueuse déférence pour le Supérieur. Le retour vers le passé ordinaire à cet âge, les légitimes préoccupations de l'avenir dans la pensée de l'ancien directeur devaient le porter instinctivement à suspecter parfois les appréciations de collègues plus jeunes ; mais nous trouvions de plus en plus en lui une grande cordialité, des égards touchants, et aussi cette affection que voue le vieillard à ceux qu'il sent appelés à le remplacer au sein d'une famille aimée.

En 1861, on transféra à la campagne du Séminaire, dans un caveau destiné à la sépulture des Directeurs, les corps de M. Genevay, premier supérieur ; de M. Bailly, second supérieur ; de M. Fraignier, professeur. C'était tout l'ancien séminaire, qui avait précédé M. Roland dans la tombe. Il fut ému, en se retrouvant si près de ceux dont il avait partagé la vie, les travaux, le dévouement à une même œuvre. On le vit prier longtemps auprès des trois cercueils, jusqu'au moment où ils furent descendus dans le caveau. Quand il fallut s'éloigner, il se dit que la tombe ne se rouvrirait que pour lui.

Cependant il voulut revoir le pays de sa mère, la maison où il vint au monde et où on le baptisa, la vieille sœur qui l'habite encore et les champs où, petit enfant, il conduisait son troupeau. Au commencement de l'hiver de 1863, il prit donc gaiement la route de Montrond, appelé par M. le curé de la paroisse qui lui réservait la consolation de bénir une nouvelle église. Nous l'avions laissé partir faible et maladif : mais la joie du voyage, les souvenirs ravivés de son enfance et l'air natal lui rendirent, comme il l'avait annoncé, un peu de force et de vigueur.

XV

Monsieur Roland était d'une complexion faible et délicate ; la plus petite secousse l'ébranlait. Depuis deux ans surtout, ses forces diminuaient sensiblement et s'en allaient une à une. « S'il est pénible pour la nature, dit « le pieux Overberg déjà cité, de se voir ainsi « décliner, ne vaut-il pas mieux être dépouillé peu à peu que d'être précipité d'un « seul coup dans la tombe ? Ce dépouillement « successif nous apprend à mieux connaître

« notre fragilité ; il nous fait faire des actes
« d'une humilité véritable, sous la puissante
« main de Dieu, et nous donne l'occasion
« d'offrir, l'un après l'autre, de grands sa-
« crifices. »

C'est ce que fit M. Roland, pendant les
quatre mois qui précédèrent sa mort. Au
mois de septembre 1864, il se vit arrêté par
la maladie, à la suite d'une retraite donnée
dans la chapelle de Macornay aux Tertiaires
de St François. L'infirmité le retint dès lors
dans sa chambre. Nous étions heureux de
l'y visiter et de lui porter tour à tour quelque agréable distraction. Il aimait à être en-
tretenu de tout ce qui concernait le séminaire, continuait de suivre les principales af-
faires et s'occupait avec la même sollicitude
de la providence de Macornay. Son amour
pour l'Eglise, dans les circonstances difficiles
que nous traversions, le portait à s'enquérir
jour par jour de la situation faite au Saint
Père. On le voyait recevoir avec son aménité
ordinaire quelques personnes amies, dési-

reuses de profiter des derniers restes d'une vie qui s'en allait. Dieu lui laissa, durant près de six semaines, la consolation de se rendre à la chapelle du séminaire, pour y communier ou même y célébrer la Sainte Messe. Quand il était privé de ce bonheur, l'aimable Sauveur venait lui-même le visiter ; il trouvait, dans la divine Eucharistie, le pain qui récrée et soutient l'infirme et donne au voyageur la force d'achever son pèlerinage.

Le dimanche 5 février, sans que rien nous y eût préparés, M. Roland se trouva subitement plus mal. Les inquiétudes sérieuses commencèrent le lendemain, et le mardi matin, le malade demandait les derniers sacrements. Nous étions là tous, autour de son lit, quand le Dieu qu'il avait reçu, dès sa première jeunesse, vint à lui une dernière fois, lui apporter le gage prochain de la bienheureuse gloire. Après qu'on lui eut donné l'Extrême-Onction, faisant un dernier effort, il voulut prendre congé de ses frères et de toute la communauté, comme il sied de le faire à la veille du grand voyage. Ses paroles, transmises par M. le Supérieur, exprimaient d'abord sa reconnaissance pour les derniers devoirs qu'il nous voyait lui rendre avec amour; puis, par un sentiment propre à l'âme des saints, il demanda humblement pardon de ses manquements et de tout ce qui aurait mal édifié dans le Directeur.

La vie s'en allait rapidement. Il ne lui restait de forces que pour remercier de la tête ou du regard, quand nous tournions doucement sa pensée vers Dieu, ou que nous attachions ses yeux sur la croix du Sauveur, sur l'image de la B. V. Marie, et du séraphique père St François. Le soir amena plus de faiblesse encore. Nous veillions et priions à ses côtés. Deux heures après minuit, on fit les prières de la recommandation de l'âme, auxquelles le malade put s'unir intérieurement. Il entra en agonie à 4 heures, et vers les 5 heures du matin, après une lutte dernière que nous lui adoucîmes par les prières de l'Eglise, il rendit son âme à son Créateur, le mercredi 8 février, jour consacré à St Joseph patron de la bonne mort, au moment où nous pouvions offrir pour lui le sacrifice qui achève de purifier. Il était dans sa 71e année.

Dans la matinée, les séminaristes revêtirent le défunt de ses ornements sacerdotaux : il demeura exposé jusqu'au moment où on le descendit dans le caveau. La mort ne l'avait point défiguré; et ceux qui venaient contempler encore une fois les traits de cet homme vénéré retrouvaient sur son visage la même paix, la même sérénité.

Les obsèques se firent le lendemain, dans l'Eglise paroissiale des Cordeliers. Mgr l'Evêque de St-Claude, voulant donner un dernier témoignage de sa vénération pour le défunt, avait envoyé pour les présider un de ses vicaires généraux, M. l'abbé Carette, qui chanta la Grand'Messe et fit l'absoute. Un grand nombre de prêtres entouraient le cercueil du pieux Directeur, et l'on vit se presser à son convoi et à l'Eglise une foule de personnes de toutes les conditions, depuis les plus élevées jusqu'aux plus humbles. Elles tenaient à payer au saint prêtre, par l'hommage d'un concours spontané et pieux, leur part de regrets, d'amour et de reconnaissance.

Le corps du cher défunt fut conduit à Chilles, lieu de sépulture des Directeurs du séminaire. C'est là qu'il repose en attendant la résurrection, à côté de ceux de **M.** Genevay, de M. Fraignir, et de M. Bailly, auxquels la mort l'a réuni.

XVI

Entre des chrétiens, membres d'un même corps en Jésus-Christ, la mort ne brise rien, elle n'interrompt rien. Beaucoup de Sacrifices, de Communions, de prières et autres œuvres satisfactoires acquittent maintenant la pieuse reconnaissance que tant d'âmes ont vouée à M. Roland. L'institut des Frères des Écoles Chrétiennes le fait jouir des privilèges réservés aux seuls Bienfaiteurs : cent cinquante messes seront célébrées pour le repos de son âme, et dans chaque maison tous les frères doivent offrir pour lui une communion et un psautier des morts. Les Clarisses de Poligny n'ont point oublié leur ancien Père Spirituel ; il a une part spéciale à ces austérités de toutes sortes, à ces prières ferventes, dont l'arome vivifiant et l'agréable encens ont tant réjoui son âme dès cette vie. La famille religieuse qu'il laisse après lui, les orphelines que sa charité à recueillies, demandent tous les jours à Dieu, pour celui qui fut leur fondateur et leur père, l'entrée dans le lieu du rafraîchissement, de la lumière et de la paix. Nous, qu'il a formés par ses leçons et édifiés par ses exemples, nous portons fidèlement son souvenir au saint Autel, implorant du Pontife éternel, en échange de nos suffrages, cet esprit qui a fait du pieux directeur un prêtre selon le cœur de Dieu.

XVII

M. Roland, dès le mois de mars 1864, avait réglé une dernière fois ses dispositions et tracé ses volontés, « voulant, comme il le dit, éviter la surprise et s'affranchir de toute préoccupation intempestive à l'approche de la mort. » Dans ce testament touchant, où la forme catholique est respectueusement conservée, il donne et remet son âme à Dieu son créateur, et le prie de la recevoir dans sa miséricorde infinie : il se recommande à Marie, sa bonne mère du ciel, implore la protection de ses saints patrons et protecteurs, celle de tous les bienheureux apôtres, les priant de lui obtenir miséricorde pour les nombreuses fautes qu'il a faites dans l'exercice du saint ministère, et dans les charges et fonctions que la Providence lui a confiées. Né pauvre, ayant toujours vécu pauvre, il n'avait à transmettre que deux petits fonds mis à sa disposition par la charité. Sa dernière pensée a été pour l'œuvre des orphelines de Macornay. « Comme de-« puis le commencement de l'œuvre pour les « orphelines de Macornay, dit-il, j'ai mis « tout mon avoir et mes économies à sou-« tenir et agrandir cette œuvre, il ne me « reste rien dont je puisse disposer en sa « faveur. Que Dieu bénisse cette œuvre et « qu'il daigne, par sa miséricorde, m'attirer « au ciel pour en être le protecteur. »

Tel a été pendant la vie et à la mort, M. Jean-François Roland, Prêtre, Chanoine honoraire de l'Eglise Cathédrale de Saint-Claude, Directeur-Économe au séminaire de Lons-le-Saunier, Fondateur de l'œuvre des Orphelines et des Sœurs du Tiers-Ordre de St François de Macornay.

On se dit, en le quittant : Je voudrais avoir vécu comme cet homme la.

Typ. H. Damelet, à Lons-le-Saunier. — 655-65.

www.ingramcontent.com/pod-product-compliance
Lightning Source LLC
Chambersburg PA
CBHW061325060726
47596CB00003B/1085